Halbritters Waffenarsenal

Halbritters Waffenarsenal

Ein nützlicher Lehrgang durch die geheimen
Waffenkammern der Geschichte
Von den altägyptischen Festungsbauten
bis zu den
Flugmaschinen des 19. Jahrhunderts
Mit vielen Illustrationen des Verfassers
Carl Hanser Verlag

Alle Rechte vorbehalten
ISBN 3-446-12424-1
© 1977 Carl Hanser Verlag München Wien
Satz: A. Fürst & Sohn, Berlin
Reproduktionen:
Grafische Anstalt Wartelsteiner, Garching
Druck: Kösel, Kempten
Printed in Germany

Vorbemerkung

Die Geschichte beweist, daß die Welt ohne Waffen undenkbar ist. Sollte sie es einmal gewesen sein, dann liegt diese Zeit schon sehr weit zurück.

Zwar spricht und sprach man zu allen Zeiten vom Frieden, aber noch öfter von der Sicherung des Friedens, was auf das Vorhandensein von Waffen schließen läßt. Sie existieren demnach, werden hergestellt und gebraucht. Zum Glück für die Erzeuger, zum Wohle für die Verbraucher und zur Freude für die Sammler.

Die Waffe hat also ihre Geschichte, und sie belegt den bedeutendsten Platz in der Weltgeschichte. Hiervon soll in diesem Band die Rede sein.

Was dieses Buch vor allem gegenüber anderen Werken unterscheidet und daher auszeichnet, ist der Komplex: Fehlentwicklungen in der Waffentechnik vom Altertum bis zur Neuzeit.

Die Arbeiten, die nach jahrelangen Forschungen – für die es naturgemäß keine Unterstützung von öffentlichen Stellen gab – einer breiteren Öffentlichkeit vorgelegt werden, können keinen Anspruch auf Vollständigkeit im Sinne eines Gesamtkataloges aller Waffenentwicklungen erheben. Aber die im Laufe der Geschichte immer wieder variierten Grundtypen und die sich unter jeweils verschiedenen geographischen Voraussetzungen anbietenden waffentechnologischen Lösungsversuche sind in ihren Grundmustern vollzählig versammelt. Auf wissenschaftliche Belege und umfangreiche Quellenangaben glaubte der Verfasser in dieser Ausgabe verzichten zu können.

Der Verfasser.

Griechische Antike, 640-600 v. Chr.

Spartanischer Rammler oder Siebenschwab
Die schon in der Antike bekannten Festungsbauten verlangten besondere Mittel zu ihrer Bekämpfung. Der Spartanische Rammler war wegen seiner einfachen Konstruktion für Sommerschlachten und Winterkriege einsetzbar. Erste nachweisliche Verwendung im 2. Messenischen Krieg. Die Bezeichnung »Siebenschwab« oder »Hasenfuß« geht auf die Wiederverwendung des Geräts im Schwabenkrieg (1499) zurück, wo sich die flüchtenden Truppen des Schwäbischen Bundes von Hasenattrappen ins Bockshorn jagen ließen.

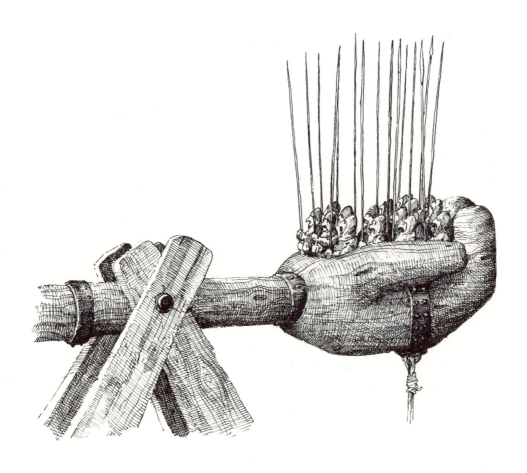

Große Werfe
In der italienischen Geschichtsschreibung auch unter dem Namen »Die hohle Hand« überliefert. Hartholzkonstruktion mit Eisenbeschlägen und granitenen Gegengewichten. Als Belagerungsmaschine in der Antike weit verbreitet. Wurde in Rom wegen zu hoher Verluste abgeschafft.

527–514 v. Chr.

Hipparche
Frühes Beispiel motorischer Waffen. Unter den Tyrannen Hippias und Hipparch (527–514 v. Chr.) bei Straßenschlachten in der Polis eingesetzt. Die komplizierte Fortbewegungsart der Hipparche erforderte tägliches Exerzieren.

483 - 481 v. Chr.

Amphibion
Aus dem Ertrag des Silberbergwerks von Laurion wurden in den Jahren 483-481 v. Chr. im ersten geschichtlich überlieferten Flottenbauprogramm 180 Amphibione finanziert und zu Wasser gelassen. Sagenhafte – und wie wir heute wissen – alttestamentarische Vorbilder (cf. Das Buch Jona) standen bei diesem Landungsfahrzeug Pate.

400 v. Chr.

Ikarier
Der von Appolodorus Mythographus überlieferte Fluchtbericht von Daidalos und Ikarus aus dem Labyrinth von Knossos fand, trotz des tragischen Ausgangs beim Jungfernflug, viele Nachahmer in der damaligen Rüstungsindustrie. Die wesentlich verbesserten Schirmhelme F 104 galten jedoch beim fliegenden Personal als außerordentlich risikoreich.
Die folgende Doppelseite: Herbstmanöver, Spätsommer 400 v. Chr. Die Ikarier galten im Manöver als unschlagbar.

311 v. Chr.

Donnerbüchse
Klassisches Beispiel einer Fehlentwicklung, die zur entscheidenden Niederlage der Spartaner bei Leuktra führte. Durch die Einführung der Schiefen Schlachtordnung rollten die Donnerbüchsen ins Leere.

Taktische Waffen
Schon der griechische Epiker Homeros (8. Jh. v. Chr.) berichtet in der ihm zugeschriebenen »Ilias« vom Einsatz eines Pferdes bei der Belagerung von Troja. Andere taktische Waffen blieben aus Gründen der Geheimhaltung bis heute weitgehend unbekannt.

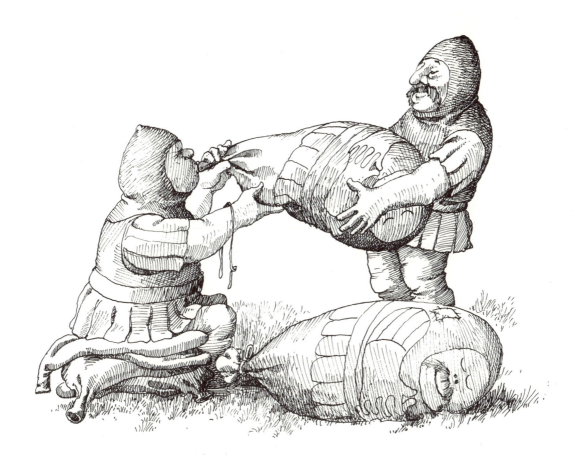

Müdlinge
Ziegenhäute, die von Häftlingen in den Staatsgefängnissen für Hungerlöhne zusammengenäht und bemalt worden waren, zeigten in aufgeblasenem Zustand aus der Entfernung das Idealbild eines müden Kriegers. Der Einsatz bei Belagerungen zeitigte unvorhersehbare Folgen: Nicht nur die Belagerten wiegten sich in Sicherheit, auch die Belagerer übermannte der Schlaf (cf. die römische Ermattungsstrategie nach der Schlacht von Cannae, 216 v. Chr.).

336-323 v. Chr.

Schellacken *(griech.)* und **Diskusionier** *(röm.)*
Die Ausbreitung der griechischen Kultur durch die Eroberungskriege Alexanders des Großen (336-323 v. Chr.) machte die Technik des Wurfscheibenwerfens in der gesamten Alten Welt bekannt. Besonders heimtückisch waren die Sphärenklänge der griechischen Schellacken, deren Zauber sich die römischen Legionäre rückhaltlos hingaben.

279 v. Chr.

Schwere Panzerreiter
Der Sieg des Pyrrhus (279 v. Chr.), der in der Schlacht von Ausculum mit 26 eingesetzten Kriegselefanten die römischen Legionen schlug, hatte in der gesamten damaligen Welt eine fieberhafte Umrüstung auf schweres Gerät zur Folge. Jeder wollte eine dicke Haut haben, Panzerung kam in Mode. Selbst Grubenhunde und Laufkatzen wurden vom Heer requiriert.

265 v. Chr.

Sturmhaube
Der Mißerfolg der Athener bei der Befreiung von makedonischen Garnisonen ist, nach neueren Forschungen, vor allem auf den dilettantischen Einsatz der unerprobten und in der Zielgenauigkeit unzuverlässigen Sturmhaubentruppen zurückzuführen.

133-79 v. Chr.

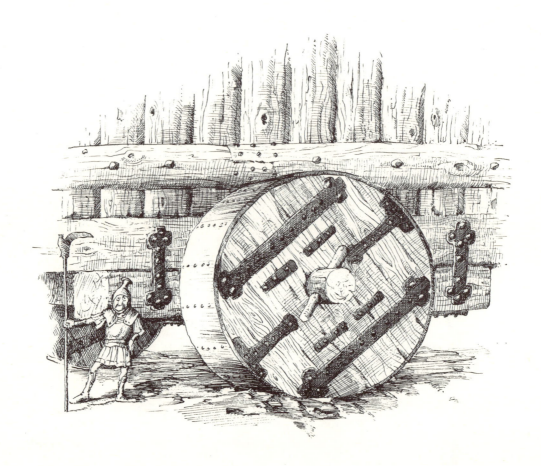

Zwingomobil
Der den Römern von den einfallenden Kelten aufgezwungene Bewegungskrieg förderte die Entwicklung des Zwingomobils, das vom Feind gestürmt und eingenommen werden sollte. Hatte sich der Gegner in Besitz dieser transportablen Festung gebracht, wurden die Tore von außen geschlossen, und die Verlierer zogen mit den Siegern als Gefangene ab.

um 50 v. Chr.

Prunkvolle Unterwassergaleere mit Bambusschnorchel
Die Eroberung Carthagos (146 v. Chr.) wurde durch Unterwassergaleeren entschieden. Schon hundert Jahre später wurden die überalterten Wunderwaffen nur noch eingeschüchterten befreundeten Staatsoberhäuptern bei sogenannten Friedensparaden vorgeführt.

Carthagesisches Clappergeschwader
*Die Carthageser hatten
in der Frühjahrsoffensive 146 v. Chr.
die Entscheidung in der Luft
gesucht, aber der Einsatz ihrer
Geschwader scheiterte
an der Unzuverlässigkeit der
saisonbedingten Flugzeiten.*

52 v. Chr.

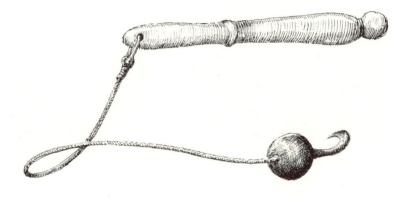

Katapultator
Beim gallischen Aufstand unter Vercingetorix sahen sich Caesars Legionen erstmals den Kamikazi-Katapultatoren ausgesetzt, die sich selbst in die von den Römern gehaltenen festen Plätze wirbelten. Legendären Ruf genießt noch heute die Einheit unter Führung des Kommandanten Asterix.

37

49-46 v. Chr.

Steinbombenadler
Caesars Überschreitung des Rubicon, die Verfolgung des Pompeius und die Eroberung Spaniens wäre ohne die von gallischen Schmieden gearbeiteten und von handzahmen Adlern abgeworfenen Steinbomben nicht zu erreichen gewesen. – Ironie der Geschichte: Die Luftüberlegenheit schützte den Imperator nicht vor seinen Freunden auf der Erde. Trotzdem (oder deswegen?) gilt der Adler seither als Königsemblem.

9 n. Chr.

Saureiter
Die im Volkslied besungene Schlacht im Teutoburger Wald, in der Varus mit drei Legionen unterging, entschieden die berittenen Saureiter unter Arminius – Simserim sim sim sim sim –, die bei Freund und Feind wegen ihrer Ausschweifungen gefürchtet waren. Der Feind war niedergeworfen, aber wer zähmte die Sieger?

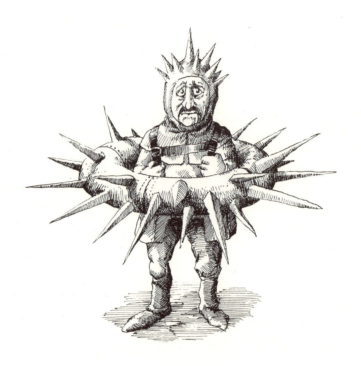

Sorgenstern
Die Favorisierung des Einzelkämpfers hat sich im Laufe der Geschichte häufig wiederholt. Der Sorgenstern, eine sogenannte Dreh- und Stichwaffe, schützte zwar seinen Träger vor Angriffen, machte ihn aber gleichzeitig bewegungsunfähig, weil sich seine Opfer nicht mehr von ihm lösen konnten.

Handschuhdolch
Eine der zahlreichen Waffenentwicklungen, die gegen die Sorgenstern-Bataillone ins Feld geführt wurden. Reproduktion nach dem einzigen überlieferten Exemplar aus dem I. Grabungsabschnitt an der Milvischen Brücke.

Zweihänder

Daumensäge

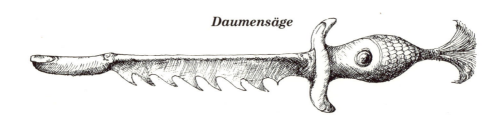

Blankwaffen
Die Geschichte der Blankwaffen läßt sich in der Vielfalt ihrer Entwicklung und ihrem Formenreichtum nur durch einige Beispiele andeuten. Ihre Form, ihre Anwendung und – seltener – die Namen ihrer Erfinder leben in ihren termini technici fort.

Winkelhaken

Rundse

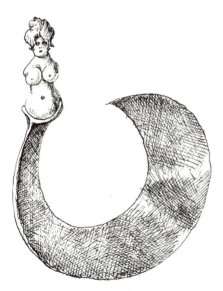

Doppelrundse

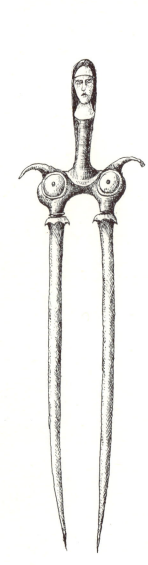

Blankwaffen-Pflegesatz

Monastisches Nonnengäbelchen
*Frühes, sorgfältig gearbeitetes
Exemplar im Stil der Zeit
mit Kugelkopfpinzette.*

Schwertfeger
*Sogenannter Vogelkopf-Schwertfeger
mit Öse und Haarsatz
von Karl dem Kahlen.*

Hausegen
*Seltenes Exemplar mit Faustschutz;
als Miniaturanfertigung
weitverbreitet; gehörte schon bald
zum gebräuchlichen
Hochzeitsgut der Germanen.*

Adolf Rundse, der Jüngere, der Erfinder der Doppelrundse. Sein Vater, Hilfreich Rundse d.Ä., gilt als der Schöpfer der Rundse.

Von Fürchtegott Herrlich, einem Nürnberger Silberschmied, sind 398 Schwertfeger überliefert.

391 n. Chr.

Sturmglocke
391, nach der Durchsetzung des Christentums als Staatsreligion und dem Verbot aller heidnischen Kulte, wurden neue Waffentechniken populär. Die Glocke als akustische Schreckwaffe hat ihre Funktion heute grundsätzlich verändert.

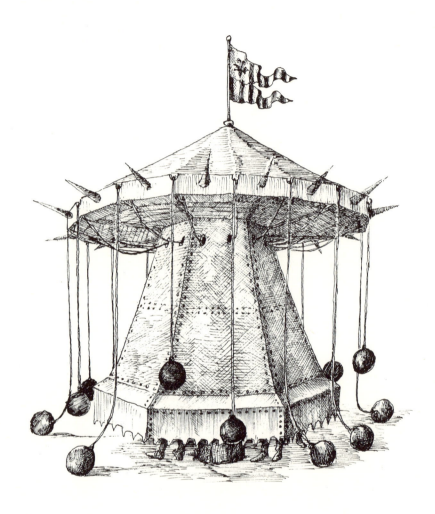

Ringelpiz
Erfolgreiche Erfindungen wiederholen sich bekanntlich auch unter historisch völlig veränderten Verhältnissen. Dem im 1. und 2. Jh. v. Chr. verbreiteten Zwingomobil (cf. p. 32/33) wurde ein karussellartiges mobiles Gerät nachempfunden, das sich auf den Kata Launischen Feldern zum ersten Mal drehte.

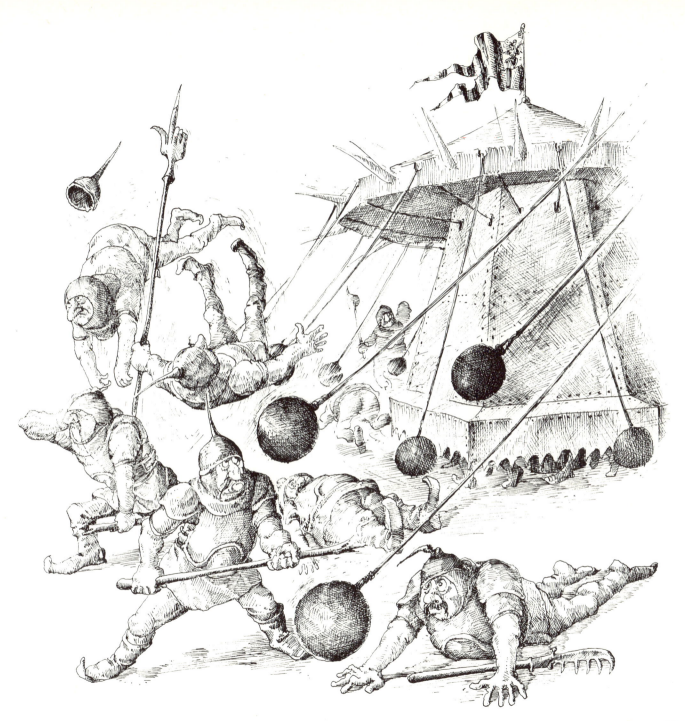

Bezeichnenderweise reichen die sogenannten exakten historischen Quellen bei der Darstellung der Waffenkunde nicht aus. Mythologische Quellen (»Ilias«, »Odyssee«) oder die am Anfang des 13. Jahrhunderts von einem Unbekannten am Bischofssitz von Passau niedergeschriebene Heldendichtung (»Nibelungenlied«) über die Vernichtung des burgundischen Reiches am Rhein durch die Hunnen (436) und den Tod des Hunnenkönigs Attila (453) in der mit Idico vollzogenen Hochzeitsnacht förderten Einzelheiten zutage, die der Vergessenheit entrissen zu werden verdienen.

Pechlaner

Pechvögel nannte man die in luftiger Höhe arbeitenden Posaunisten, die vom Musikkorps der Festung Pöchlarn zur kämpfenden Truppe überstellt wurden. Die Angreifer wurden mit siedenden Pechblasen übergossen, was Hautkrankheiten (sogenannte Pechnelken) hervorrief. Aber auch die Pechvögel zahlten ihren Tribut an diese chemischen Kampfmittel: Die Anstrengung beim Blasen erzeugte Pechnasen und Pechsteine, die Haare verwandelten sich in Pechsträhnen und das Schusterpech heftete sich an ihre Sohlen.

Feldschraubitze
Dieses mechanische Kriegsgerät war nur von regionaler Bedeutung und bei der Stürmung befestigter Feldlager einsatzfähig. Das Bild zeigt den etymologischen Ursprung des Begriffs »eine Schraube locker haben« (um 1100).

um 1380

Schwarzpulver
Viele nehmen für sich in Anspruch, das Pulver erfunden zu haben. Aber allein der Bernhardinermönch Berthold Schwarz trägt den Ruf des Erfinders zu Recht. Hier seine Geschichte, nach Augenzeugenberichten:
»Salpeter, Schwefel und Kohle,
Salpeter, Schwefel und Kohle,
Salpeter...«

»Mein Name ist Berthold Schwarz.«
»Freut mich, Bruder, was kann ich für dich tun?«

»Hier, dieses Pulver...«
»Hm – wozu ist es nütze?«

»Oh, für göttliches...«
»Sehr gut, gib mir ein Beispiel!«

»Du erlaubst, dein Krüglein ist dabei nütze.«
»Bin sehr gespannt!«

»Bitte gut festhalten. –
Und nun ein Fünklein aus meinem Feuerstein...«
»Wahnsinnig neugierig.«

Pschorng...

»Salpeter, Schwefel und Kohle!«
»Ja, ja, aber wozu nützt es noch?«

1499

Kracherl
Selten wurden Geschichte machende Erfindungen sofort in ihrer ganzen Tragweite erkannt. Pulver blieb eine Schreckwaffe, mit welcher der Tiroler Bauernführer Michael Gaismair Verwirrung in den fürstlichen Heerhaufen stiftete. Kracherl nannte man diese Sprengkugeln.

1501

Pfefferrohr
Als Ostindien entdeckt und der schwindelerregende schwarze Kubeben-Pfeffer nach Europa gebracht wurde, glaubte Ritter Niess von Nossenberg an eine das Kriegshandwerk revolutionierende Neuentdeckung. Aber wie oft hat sich in kriegerischen Auseinandersetzungen der Wind gedreht? fragt schon der Chronist derer von Nossenberg skeptisch.

16. Jahrhundert

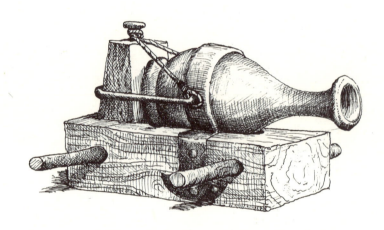

Kannohne, *neudeutsch:* **Kanone**
Bezeichnend für unsere Geschichtsschreibung ist die völlige Unterdrückung der wahren Geschichte von der Erfindung der Kannohne durch den einfältigen und gottesfürchtigen Schmiedemeister Friedrich Wuchtel aus Eisenberg, der sein Pulver in einer gußeisernen Kanne (lat. canna, Rohr) trockenhielt. Bei einer unabsichtlichen Entzündung des Pulvers wurde ihm das Dach über dem Kopf zerfetzt. Dort hatte ein frommer Pilger als Dank für ein Nachtlager den Vers eingeritzt: »O Herr, laß mich ein, ich kann ohne Dich nicht sein.« Die von der Explosion zerstörte Inschrift nahm Wuchtel als Himmelszeichen. Es fehlten die Worte »kann ohne«, die ihm den Namen gaben für eine folgenreiche Entdeckung.

1526

Rückenstück

Ferdinand I. von Habsburg wurde König von Böhmen und Ungarn. Anläßlich der Krönungsfeierlichkeiten besuchte er die Vorführung einer neuen Wunderwaffe, um sich von der schlagenden Wirkung zu überzeugen. Die segnende Gebärde des Feldkuraten verhinderte das Schlimmste. Mit der fatalen Wirkung des Rückstoßes hatten die Waffentheoretiker nicht gerechnet.

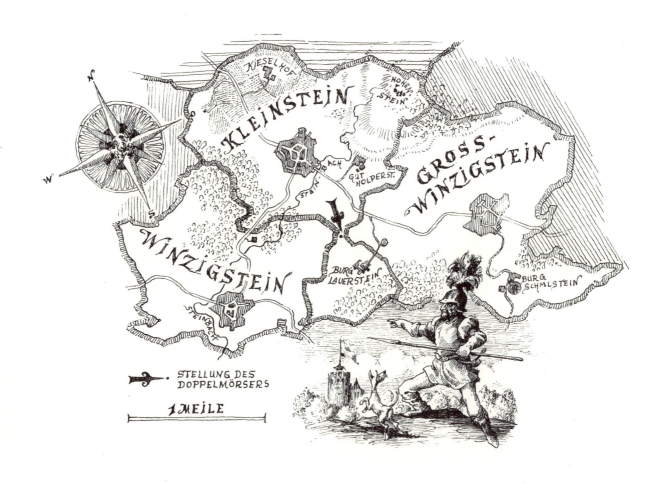

Doppelmörser

Schon in den Anfängen der durch die Reformation bedingten deutschen Kleinstaaterei versuchte man politische Entscheidungen durch waffentechnologische Maßnahmen zu korrigieren. Der Doppelmörser arbeitete als Zweitakter in die jeweilige Richtung (s. Karte).

75

Handfeuerwaffe mit Schutzpatrone und Ladestöckchen
Die Religionskriege des 16. Jahrhunderts können hier nur gestreift werden. Das Segnen der Waffen in den Kriegen unserer Zeit erweist sich als Degenerationserscheinung, wenn man die Sonderanfertigungen in Betracht zieht, mit denen damals der wahre Glaube durchgesetzt oder verteidigt wurde.
Reiterattacken wurden von den Feldkuraten beider Konfessionen mitgeritten.

Päpstliche Prunkgaleeren
Nicht nur die Handfeuerwaffen, auch das große Gerät der Glaubenskämpfer zeugte durch sein Erscheinungsbild für die Botschaft.

Großraupiger Trojaerpel
Die Entdeckung der Neuen Welt ist ohne ein breitgefächertes System von Wasser- und Landefahrzeugen der christlichen Seefahrt nicht denkbar. Großraupige Trojaerpel, nockengetriebene Trojaerpel und handgetriebene Trojaerpel – von den beiden letztgenannten sind nur Berichte überliefert – bestimmen fast hundert Jahre das Bild europäischer Häfen.

82

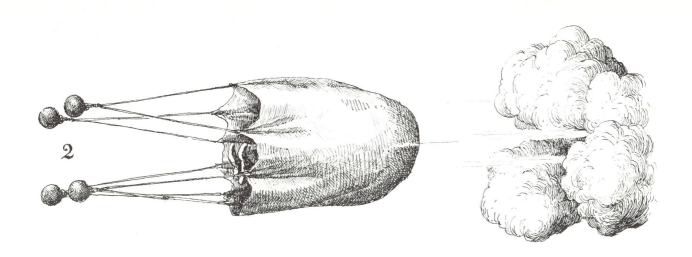

Quartrize
Die Leonardo da Vinci zugeschriebene Erfindung der Quartrize versuchte einen alten Traum der Menschheit erneut zu verwirklichen: das Fliegen. Durch einen Vürzülünder (a) wurde der mit einem Fall-Beil (d) ausgerüstete Einzelkämpfer in einem durch Gewichte (c) beschwerten Fall-Schirm (b) über die feindlichen Linien geschossen (2). Schwierig war nur das Landemanöver (3).

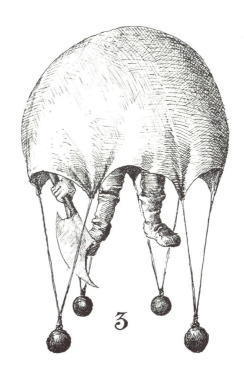

83

um 1550

84

Sauorgel
Gefürchteter noch als die Spanischen Reiter waren auf dem Höhepunkt der politischen und militärischen Macht Karls V. die schnell einsatzfähigen Sauorgel-Batterien: Ziel suchen! (1), Lafette ausfahren! (2), Böllern! (3).

Brausepulver
Schon das Schwarzpulver hatte ein Geistlicher erfunden. Bonifaz Brause, ein Bettelmönch, erdachte das humanere Brausepulver, das bei Freund und Feind einen unwiderstehlichen Kitzel hervorrief.

Helme und **Helmzier**

Der Übergang vom Hohen Mittelalter zur Neuzeit gilt als die
Geburtsstunde der Heraldik, der Wappenkunde, in der die Frage
der Helmzier sich von der ursprünglichen Funktion einer Schutz-
einrichtung zum ornamental gestalteten Erkennungsmerkmal
entwickelte:

Feuerkopf

Ein Stückhelm für jene ritterlichen Helden, die sich die Erfindung
des Schießpulvers zu eigen gemacht hatten und als Hitzköpfe in
die Schlacht zogen.

Altböhmischer Brauhelm
Vielfach von den klösterlichen Hilfstruppen getragen; als Standesabzeichen leicht erkennbar.

Eiserne Jungfrau
In zahlreichen Varianten überliefert; galt als Symbol absoluter ehelicher Treue.

Genitalischer Prunkhelm
Anspielung auf den Mannbarkeitsritus des Ritterschlages; in der Zeit der zunehmenden Emanzipation des Bürgertums von der Eisernen Jungfrau abgelöst.

Altfränkischer Daumenhelm
Besonders in Süddeutschland verbreitetes Exemplar mit Schutzklappen für Schlitzohren.

Federfuchser
Standesabzeichen der Chronisten und Anachronisten, die im 17. Jahrhundert von allen Heerführern zur Beschönigung ihrer Ruhmestaten auf Feldzügen mitgeführt wurden.

Der gewundene Wattaner
Standesabzeichen des Kriegs- und Friedensrates; der eierkopfartige Gasballon auf weicher Filzmuffe verfärbte sich, wenn dem Herrn Rat ein Licht aufging.

Trompetenhelm
Standesabzeichen der Mitglieder des Musikkorps in Wallensteins Lager.

Schneckenhauser Kappe
Standesabzeichen der Arrieregarde in den Frundsbergschen Landsknecht-Regimentern.

Zeitalter der Vernunft

Heckenbuschhelm
Die Aufklärung, seit der Reformation die größte geistige Bewegung, veränderte das Kriegshandwerk entscheidend: Die Kriegslist ersetzte die brachiale Gewalt. Die stolzen Heckenbusch-Einheiten okkupierten Burgen und Schlösser als wandelnde Wälder.

Erpelinger
Erpelinger nannte man die Kampfschwimmer, die unter Ausnutzung der bei Soldaten geradezu sprichwörtlichen Tierliebe Wasserburgen und Seefestungen eroberten.

Fasaneur
Kriegerische Auseinandersetzungen suchte man jetzt durch ein ausgeklügeltes System diplomatischer Empfänge und Gegenempfänge zu vermeiden. Glanzvolle Abschlußbanquetts für ausländische Gäste, denen ausführliche Kommuniqués vorausgegangen waren, erwiesen sich durch die dienernden Fasaneure als lebensgefährlich.

Dreißigjähriger Krieg, 1618-1648

Schwertpanzer
Eine damals ungewöhnlich populäre Konstruktion für Spätheimkehrer, mit der sich die Freude des Wiedersehns auf ihrem Höhepunkt konservieren ließ und ausführliche Erklärungen überflüssig machte. Für die beiden Schwertpanzerzungen wurde Edelstahl verwendet.

1618-1648

Scherenstecher
Die Erfindungskraft treuer Diener ihrer Herrin hatten zwar aus Haushaltsgeräten Verteidigungswaffen gegen die herumziehenden Kriegshorden aus aller Herren Länder geschaffen. Wer aber schützte die Tugendsamen vor den Scherenstechern, die man später ganz einfach Scherenschleifer nannte.

101

Watschenkeule
Die hohe Kunst des mittelalterlichen Turniers war auf die Hand gekommen. Watschenkeulenturniere wurden bei jeder sich bietenden Gelegenheit ausgetragen, ein Zeichen für die demokratisierenden Tendenzen und die Emanzipation des Bürgertums.

103

Festungsbau

Der französische Absolutismus unter Ludwig XIV., bis auf den heutigen Tag häufig kopiert in allen Staaten der Erde, mit seiner zentralistischen Verwaltung, der Legislative, Exekutive und Jurisdiktive unterstanden, reorganisierte seit 1668 das stehende Heer, für das Uniformen, Dienstränge und Waffengattungen eingeführt wurden. Der Baumeister Vauban (1633-1707) revolutionierte den Festungsbau durch sternförmige Bastionen ohne toten Schußwinkel. Dadurch veränderte sich die Belagerungstechnik und die gesamte Kriegführung.

Exkurs: Festungswesen
3000–1500 v. Chr.

Sandkuchenburg
Von den altägyptischen Sandkuchenburgen künden noch heute die vom Winde verwehten Dünen, die als Wanderdünen besonders gefürchtet sind. Überliefert sind die Namen der Baumeister Cheops, Chephren und Mykerinos.

Mitte des 17. Jahrhunderts

**Sternfeste auf der Weihnachtsinsel
und Lunaforte bei Silberschein**

Leonardo da Vinci, Albrecht Dürer und Sébastian le Prestre de Vauban sind die jedermann geläufigen Namen bedeutender Festungsbaumeister. Besonders erfolgreich war jedoch der heute völlig vergessene Maurersohn Hans Georg Blech, dessen einfache Konstruktionen dem Küchenlatein der damaligen Zeit entlehnt zu sein scheinen.

108

Exkurs: Festungswesen

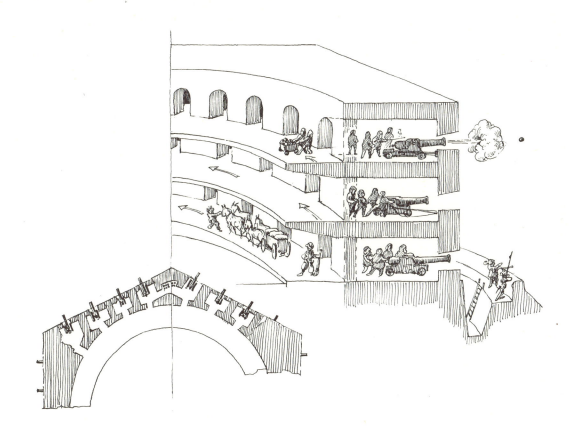

Hohenschlaufen
Querschnitt und Aufriß
Mutterbastion eines Mutterforts. Auf den folgenden Seiten: Blick von Oberrosten auf Niederschlaufen, Hohenloch, Eisenheim und Mutterbastion. Kartographische Aufnahme der Gesamtanlage.
Fort Krempe *(Seite 114)*
Seefestung Stifeletto di Solo *(Seite 115)*

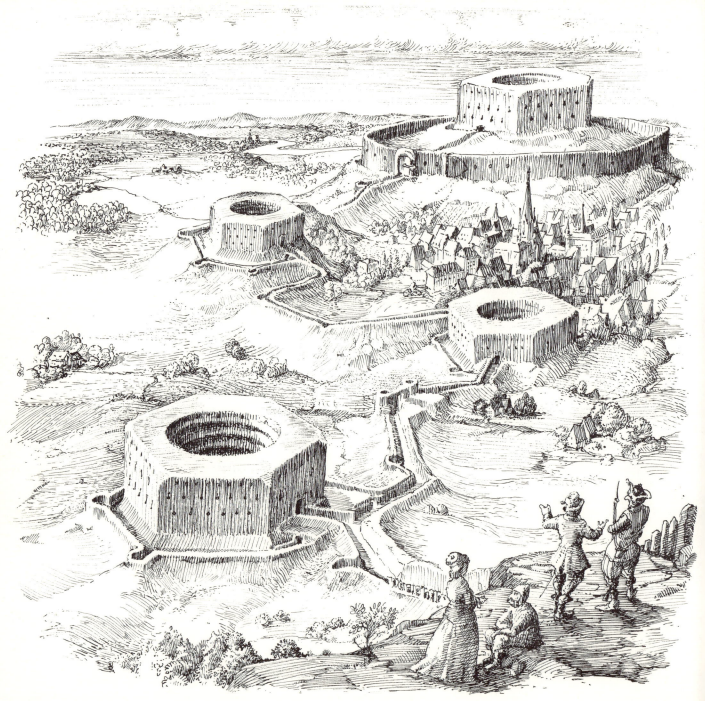

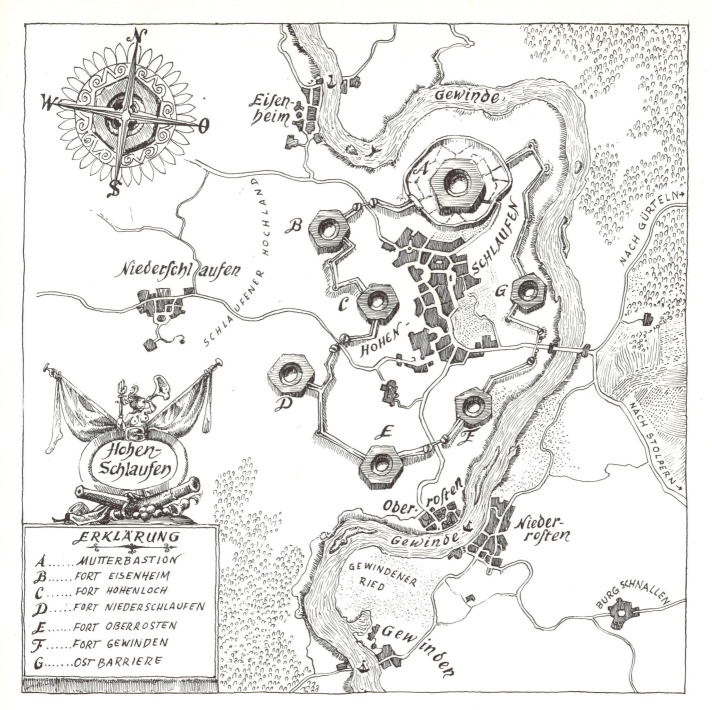

Fort Drombdeu
Die nach dem Vorbild von Grigorij Alexandrowitsch Potemkin errichteten Scheinfestungen kamen erst im Ausgang des 17. Jahrhunderts in Gebrauch. Unbekannt geblieben ist, wie viele durch Handschlag besiegelte Kriegsversprechen durch die Demonstration nicht vorhandener Befestigungsanlagen vermieden worden sind.

Der Festungsbau veränderte die gesamte Kriegführung, berichten die Historiker. Einige Beispiele:

Große Zische
Zur Überwindung von Wall und Graben wurden zunächst große Zischen mit auswechselbaren Zwischenstücken eingesetzt, mit denen man auch um die Ecke schießen konnte (rechte Seite).

Rückzugskanone
Daß jeder militärische Grundsatz auch in seiner Umkehrung sinnvoll sein kann, beweist die These vom Rückzug als der besten Form des Angriffs. Denn nie ist der Feind verwundbarer als im Siegestaumel des Vormarsches. Sorgfältige psychologische Vorbereitung und hohe Disziplin in der Truppe war das Geheimnis des Erfolgs der Rückzugskanone (folgende Doppelseite).

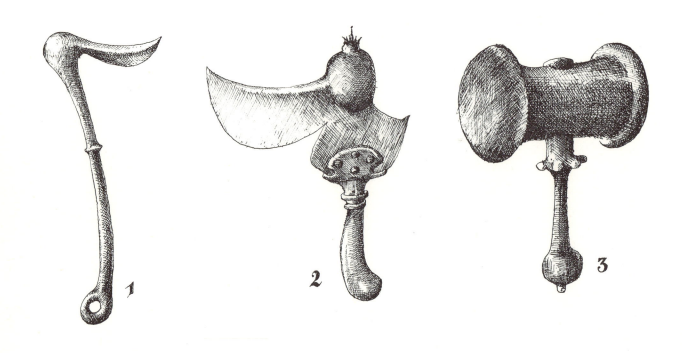

***Entenhaken** (1), **Entenbeil** (2), **Entengrützer** (3)*
»*Unsere Zukunft liegt auf dem Wasser*«, *sagte ein Monarch im 19. Jahrhundert in Anspielung auf die von Rücksichtslosigkeit gekennzeichneten Wirtschaftskriege des 17. Jahrhunderts, als sich die dabei verwendeten Nahkampfwaffen hinter den wohlklingenden Namen unserer gefiederten Wasserfreunde versteckten.*

Langruderschiff mit Tieframmsteven

Nikolaus Galion (1674-1742), mit dessen Namen noch heute der Bugschmuck von Schiffen bezeichnet wird, ist der erste Schiffsbaumeister der Langruderschiffe mit Tieframmsteven. Besonders gefürchtet waren die Mutterschiffe. Cf. die folgende Seite: Mutterschiff beim Angriff.

Feldschlangenknacker
Schlangen gelten im christlichen Abendland als besonders gefährlich. Gegen die listigen Feldschlangen setzte man die Feldschlangenknacker ein.

Exkurs: Berühmte Schlachten
1480

Sauerkrautkrieg

Vom Sauerkrautkrieg hört heute jedes Kind schon in der Schule, aber nur wenige wissen, warum er geführt wurde. Es ging nicht um jenen C. G. Sauer, gegen den angeblich kein Kraut gewachsen sein soll, sondern um die entscheidende Frage der Schnittbreite des Krautes, die von Breitkrautern und Schmalkrautern nicht entschieden werden konnte. Ein monatelanges Probeessen brachte zwar keine Entscheidung, wohl aber die Ermattung aller Beteiligten. Geführt wurde der Krieg mit der Wiegelaweia (A), dem Streuer (B) und dem Schäuffele (C), einer zivilen Nachbildung der Watschenkeule.

Exkurs: Berühmte Schlachten
1519

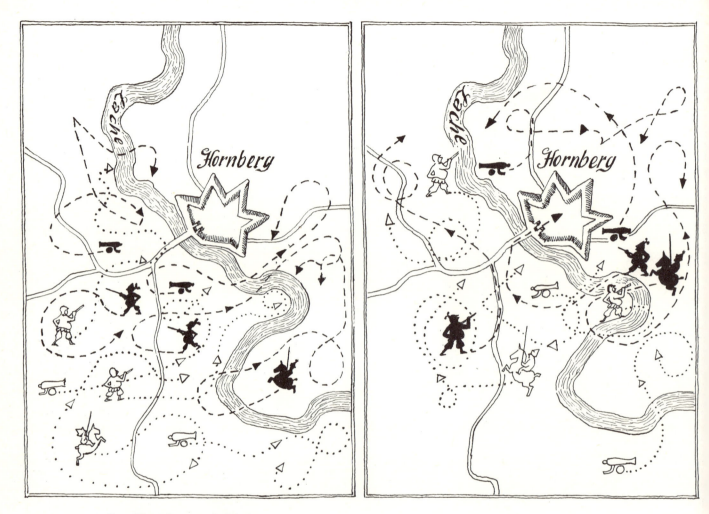

Das Hornberger Schießen

1. Tag: 3. Oktober 1519, nachmittags 14.25 Uhr. Hornberger und Villinger versuchen in kühnen Umfassungsmanövern den Gegner zu verwirren.

2. Tag: 4. Oktober 1519, 10.15 Uhr. Hornberger und Villinger nehmen nach dem zweiten Frühstück die Operationen vom Vortag wieder auf.

 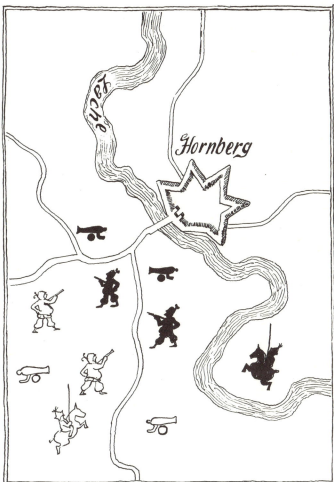

3. Tag: 5. Oktober, morgens 4.45 Uhr: Nach der auf beiden Seiten vorverlegten Frühmesse suchen Hornberger und Villinger in einer Nachtschlacht die Entscheidung.

3. Tag: 5. Oktober, nachmittags 17.30 Uhr. Hornberger und Villinger haben ihre Ausgangsstellungen wieder zurückerobert, und wenn sie nicht gestorben sind, so kämpfen sie noch heute.

Handfeuerwaffen
Spiegelmuskete mit Luntenschloß
Handfeuerwaffe mit Beschleunigungsspirale und Zielsucher zur Gegnerbekämpfung aus voller Deckung.

Handfeuerwaffen
Schwere Langlaufarkebusen
Stellungskrieg und Bewegungskrieg wechselten in den Schulen
der Wehrtheoretiker ab wie Sommer und Winter.

Brustwehr
Sonderentwicklungen in der Waffentechnik wurden durch immer stärkere Spezialisierung der Waffengattungen begünstigt. Die Brustwehr soll unschlagbar gewesen sein, berichten die Chronisten. Aber ihre Verwendung durch Gebirgsjäger hatte auch keine Folgen. Man ließ Bergfesten stets links liegen.

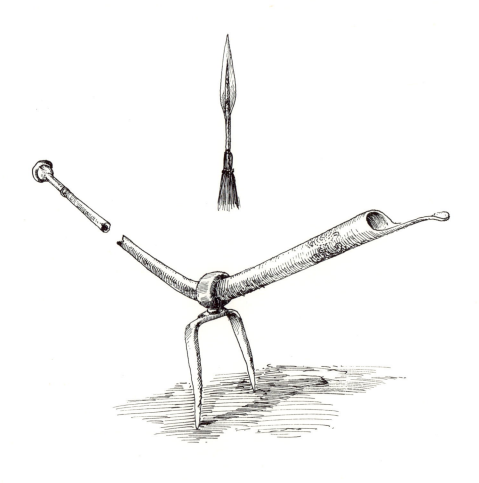

Blasrohrschützen von St. Blasius
Die sprichwörtliche Uneinnehmbarkeit von Alpenfestungen ließen die dort die Stellung haltenden Truppen auf neue Waffenentwicklungen sinnen. Die Blasrohrschützen von St. Blasien sind eine noch heute vom örtlichen Fremdenverkehrsverein aus Mitteln des Regionalfonds geförderte feste Einrichtung.

136

19. Jahrhundert

Der eiserne Gustav
Der Historismus des 19. Jahrhunderts, die Wiederentdeckung des Mittelalters und seiner Rittertugenden ging so weit, daß man in Lippe-Detmold sogar erwog, den eisernen Gustav, die Nachbildung eines Ritters mit herauslaßbarem Mehrladebolzen, in Produktion gehen zu lassen. Massive Einwendungen der Schulbehörden verhinderten eine Entwicklung, von der sich die Militärs eine Potenzierung ihrer Schlagkraft versprachen.

19. Jahrhundert

Füsülür
Die Auflösung des Heiligen Römischen Reichs Deutscher Nation
förderte in den deutschen Kleinstaaten die militärischen Sonder-
aufgaben. Füsülüre beim Unterricht: Wie bringe ich a nach b?

19. Jahrhundert

Gabel von Gabelensk
Originalität im Uniformschmuck und in der Bewaffnung, die Einführung von Truppenmaskottchen, Fahnen und Orden ersetzten den martialisch auftretenden Paradeeinheiten das eigentliche Kriegshandwerk. Eine friedliche Zeit!

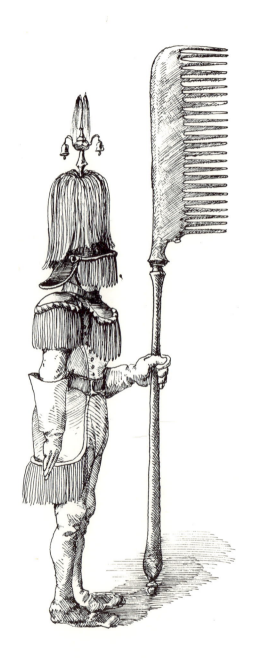

Schweizer Karte
Nach päpstlichem Vorbild ließen viele Kirchenfürsten Wachabteilungen aufstellen, die sich – wenn sie nicht schliefen – die Zeit mit Kartenspielen vertrieben.

Ranzengarde

Veteranen, die durch lebenslanges Liegen auf der faulen Haut eine gewisse Schwerfälligkeit bekommen hatten, wurden in Ranzengarden zusammengefaßt, die nur zu Repräsentationszwecken gehalten wurden.

Sirene
Die alpenländische Bevölkerung fand in dem damals eingerichteten Frühwarnsystem durch Sirenen eine auskömmliche Beschäftigung in vielen Ländern Europas.

Schützengräber
Manche Duodezfürsten suchten ihre Truppen unter dem Vorwand des Lauf- und Schützengrabenbaus zur Anlage barocker Gärten heranzuziehen. Das Wachbataillon unmittelbar vor der Wachablösung.

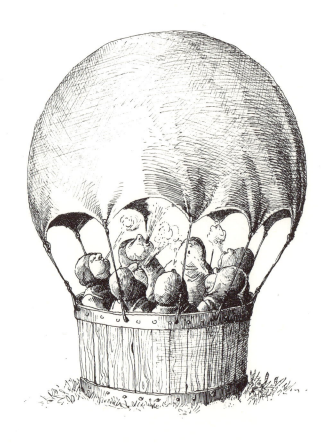

Luftbotterich
Rund 2500 Jahre nach den verheißungsvollen Luftsprüngen der Ikarier (cf. p. 14 ff) begann man in der Mitte des vorigen Jahrhunderts wieder mit der militärischen Eroberung der Luft. Die Luftbotteriche, die sich durch kräftiges Blasen der Botterichflieger vom Boden erhoben, wurden in einer zweiten Phase durch Luftballons vom Boden gehoben und durch die berühmten Kraniche des Ibikus über Land und Meer gezogen.

Flatteriseur
Und wieder war es der Einzelkämpfer, auf den man schließlich zurückkam. »Macht mir den rechten Flügel stark«, soll der letzte eingesetzte Flatteriseur verlangt haben. Seine Bitte wurde nicht erfüllt. – Ach.

Register

A

Altböhmischer Brauhelm 90
Altfränkischer Daumenhelm 90
Amphibion 12-13

B

Blasrohrschützen von St. Blasien
   136-137
Brausepulver 86-87
Brustwehr 134-135

C

Carthagesisches Clapper-
   geschwader 35

D

Daumensäge 46-47
Diskusionier 26-27
Donnerbüchse 18-21
Doppelmörser 74-75
Doppelrundse 46-47

E

Eiserne Jungfrau 90
Der eiserne Gustav 138-139
Entenbeil 122
Entengrützer 122
Entenhaken 122
Erpelinger 94-95

F

Fasaneur 96-97
Federfuchser 91
Feldschlangenknacker 126-127
Feldschraubitze 56-57
Festungsbau 105-117
Feuerkopf 89
Flatteriseur 152-153
Fort Drombdeu 116-117

Fort Krempe 114
Füsülür 140-141

G

Gabel von Gabelensk 142-143
Genitalischer Prunkhelm 90
Der gewundene Wattaner 91
Große Werfe 8-9
Große Zische 119
Großraupiger Trojaerpel 80-81

H

Handfeuerwaffen 76-77, 132-133
Handfeuerwaffe mit Schutzpatrone
   und Ladestöckchen 76-77
Handschuhdolch 45
Hausegen 48
Heckenbuschhelm 92-93
Helme und Helmzier 88-97
Hipparche 10-11
Hohenschlaufen 111-113
Das Hornberger Schießen 130-131

I

Ikarier 14-17

K

Kannohne 68-69
Katapultator 36-37
Kracherl 63-65

L

Langruderschiff mit Tieframm-
   steven 123-125
Luftbotterich 150-151
Lunaforte bei Silberschein 110

M

Monastisches Nonnengäbelchen 48
Müdlinge 23-25

P

Päpstliche Prunkgaleeren 78-79
Pechlaner 55
Pfefferrohr 66-67
Prunkvolle Unterwassergaleere
   mit Bambusschnorchel 34

Q

Quartrize 82-83

R

Ranzengarde 145
Ringelpiz 52-53
Rückenstück 70-73
Rückzugskanone 120-121
Rundse 46-47

S

Sandkuchenburg 106-107
Sauorgel 84-85
Saureiter 42-43
Schellacken 26-27
Scherenstecher 100-101
Schneckenhauser Kappe 91
Schützengräber 148-149
Schweizer Karte 144
Schwere Langlaufarkebusen 133

Schwere Panzerreiter 28-29
Schwertfeger 48
Schwertpanzer 98-99
Schwarzpulver 58-62
Seefestung Stifeletto di Solo 115
Siebenschwab, cf. Spartanischer
   Rammler
Sirene 146-147
Sorgenstern 44
Spartanischer Rammler 6-7
Spiegelmuskete mit Luntenschloß
   132
Steinbombenadler 40-41
Sternfeste auf der Weihnachtsinsel
   108-109
Sturmglocke 50-51
Sturmhaube 30-31

T

Trompetenhelm 91

W

Watschenkeule 102-103
Winkelhaken 46-47

Z

Zweihänder 46
Zwingomobil 32-33

Kurt Halbritter im Carl Hanser Verlag

Adolf Hitlers Mein Kampf
Gezeichnete Erinnerungen an eine Große Zeit.
2. Auflage 1976. 240 Seiten. Leinen.

Halbritters Tier- und Pflanzenwelt
Ein Beitrag zur Naturgeschichte für alle Schichten des Volkes.
Mit vielen Illustrationen des Verfassers.
7. Auflage 1976. 160 Seiten. Pappband.

Jeder hat das Recht
1976. 216 Seiten. Leinen.

»Halbritter ist es gelungen, was Cartoonisten
selten erreichen: intellektuell und volkstümlich
zugleich zu sein.«
›Die Welt‹